Renate Sueltz

AF206487

Grandma's delicious German food

DEFTIGE, HERZHAFTE UND LECKERE GERICHTE ZWISCHEN MÜNSTERLAND UND RUHRGEBIET GEKOCHT

BoD- Books on Demand

Norderstedt 2018, GERMANY

Bibliografische Information durch die Deutsche Nationalbibliothek

Die Deutsche Nationalbibliothek verzeichnet diese Publikation in der Deutschen Nationalbibliografie; detaillierte bibliografische Daten sind im Internet über http://dnb.dnb.de abrufbar.

© 2018 Renate Sültz

Herstellung und Verlag:

BoD – Books on Demand, Norderstedt, GERMANY

ISBN 9-78374-8-12050-6

Hello dear readers,

If you think of the Ruhr region or Münsterland, you can't get past food. I was born in Essen-City, in the middle of the Ruhrpott, and have lived in Lünen for many years now. Lünen is the gateway to Münsterland. Nothing is closer than writing about delicious, savoury and savoury dishes. Just when my grandma was my teacher. Grandma was cooking at a large restaurant in Essen-City at the time. This cookbook is divided into four parts. We start with hearty dishes from home. The second chapter is about salads (fish salads and party salads), the third part about hearty soups. The fourth chapter is about grandmother's favourite dishes, which are highly topical and easy to cook, especially in today's stressed time.

Thank you for your interest and "Good appetite" wishes   Renate Sueltz.

HERZHAFTE GERICHTE AUS DER HEIMAT

Gericht 1: Geschmortes Sauerkraut mit gebratenen Rippchen oder Schweinefilet und feinem Kartoffelpüree

Gericht 2: Spagetti Bolognese mit Parmesankäse

Gericht 3: Wirsingrouladen mit Salzkartoffeln

Gericht 4: Gulasch mit Makkaroni und Feldsalat

Gericht 5: Reibekuchen mit Apfelmus

Gericht 6: Leber süß-sauer mit Püree und Erbsen

Gericht 7: Geschnetzeltes mit Champions, Reis und rote Beete

8: Werbung

Gericht 9: Bunter Nudelauflauf

Gericht 10: Apfelpuffer

1

Geschmortes Sauerkraut mit gebratenen Rippchen
oder Schweinefilet und feinem Kartoffelpüree
für ca. 3 Personen

Zutaten:

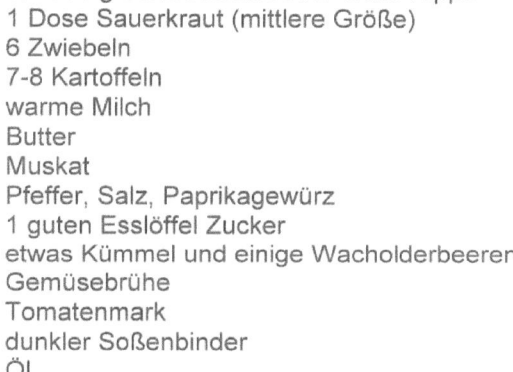

ca. 700 g Schweinefilet oder dicke Rippe
1 Dose Sauerkraut (mittlere Größe)
6 Zwiebeln
7-8 Kartoffeln
warme Milch
Butter
Muskat
Pfeffer, Salz, Paprikagewürz
1 guten Esslöffel Zucker
etwas Kümmel und einige Wacholderbeeren
Gemüsebrühe
Tomatenmark
dunkler Soßenbinder
Öl

Zubereitung des Krautes

Das Sauerkraut in ein Sieb geben und unter kaltem Wasser kurz etwas abbrausen. Butter in einem Topf erhitzen. Eine in Würfel geschnittene Zwiebel und das Kraut mit dem Kümmel und den Wacholderbeeren, Pfeffer, Gemüsebrühe und dem Zucker braun anschmoren. Etwas Flüssigkeit angießen und auf kleiner Flamme köcheln lassen. Nach ca. 20 Minuten ist das Kraut fertig. Noch mal mit etwas Zucker abschmecken und den Topf zur Seite stellen.

Zubereitung des Fleisches

Die dicke Rippe oder das Schweinefilet unter kaltem Wasser kurz abspülen und mit Küchen-papier abtupfen. Dann das Fleisch von allen Seiten mit den Gewürzen einreiben und in heißem Öl rundherum braun anbraten. Nun das Fleisch herausnehmen und zur Seite stellen. In dem heißen Fett jetzt die gewürfelten Zwiebeln mit dem Tomatenmark und den Gewürzen (nach Geschmack) anrösten. Das Fleisch wieder dazugeben und mit einer Flüssigkeit aus Gemüsebrühe und Wasser bedecken. Bei kleiner Hitze köcheln lassen, bis das Fleisch weich ist.

Das Fleisch herausnehmen und die Flüssigkeit mit dunklem Soßenbinder andicken. Man kann die Soße noch mit einem Schuss Sojasoße abschmecken. Das in Scheiben geschnittene Fleisch wieder in die Soße geben.
Nun das Püree fertigstellen.

Dazu die Kartoffeln weich kochen, abgießen und direkt Butter, warme Milch und Gewürze dazugeben. Jetzt alles fein stampfen. Mit dem Schneebesen die Kartoffelmasse cremig rühren. Sollte das Püree noch zu fest sein, kann man noch etwas Butter und Milch dazu geben. Das Essen ist fertig und wir können anrichten.
Ich serviere dazu ein kaltes Malzbier.

Guten Appetit!

2

Spagetti Bolognese mit Parmesankäse
für 3 Personen

Zutaten:

250g Vollkornspagetti
2 Zwiebeln
500g Hackfleisch gemischt
3 dicke Tomaten
Öl zum anbraten
Tomatenmark
Oregano
Pfeffer, Salz, Paprikagewürz
2 Esslöffel Zucker. Er hebt den
Geschmack der Tomatensoße hervor.
Etwas Sojasoße
Etwas Tomatensaft oder Gemüsesaft
Butter für die Nudeln
1 Tütchen geriebener Parmesan

Zubereitung:

Im heißen Öl das Hackfleisch mit den gewürfelten Tomaten
und Zwiebeln, dem Tomatenmark, dem Zucker und den
Gewürzen gründlich anbraten. Wenn alles krümelig gebraten
ist mit etwas Tomatensaft oder Gemüsesaft angießen.
(Nicht zu viel). Noch mal 3 Minuten bei sehr kleiner Hitze
köcheln lassen. Nun den Topf zur Seite stellen.
Die Spagetti bissfest kochen und vorsichtig abgießen.

Nicht mit Wasser abspülen. Etwas
Butter schmelzen und über die
Nudeln gießen. Mit Salz abschmecken.
Sie können nun servieren. Zum Schluss
noch über die Soße den Parmesankäse
streuen.

Guten Appetit!

3

Wirsingrouladen mit Salzkartoffeln für 3-4 Personen

Zutaten:
Ein Wirsing vom Wochenmarkt.
Die Blätter müssen schön groß sein.
500g Hackfleisch gemischt
1 dicke Zwiebel
1 Ei
1 Brötchen
Frische Petersilie
Pfeffer, Salz, Muskat
Kartoffeln (Halb festkochend)
Rapsöl
Soßenbinder
Gemüsebrühe
Bratensaft

Zubereitung:
Die großen Blätter vom Wirsing lösen. Ein oder zwei kleinere Blätter zur Seite legen. Den restlichen Wirsing in Frischhaltefolie im Kühlschrank aufbewahren. Nun die großen Blätter in Salzwasser legen. Sobald das Wasser anfängt zu sieden, den Kohl sofort herausnehmen und die Blätter abkühlen lassen.
Von der Kochflüssigkeit etwas zur Seite stellen für die

Rouladen. Die Zubereitung der Füllung. Das Gehacktes wie einen Frikadellen Teig zubereiten. Ei, gewürfelte Zwiebeln, ein in Milch eingeweichtes und ausgedrücktes Brötchen, Pfeffer, Salz, etwas Muskat und die kleingeschnittene Petersilie unter das Hackfleisch mischen. Zum Schluss noch die kleinen Kohlblättchen fein hacken und in die Hackmasse kneten.

Legen sie sich nun auf eine geräumige Arbeitsfläche die Wirsingblätter so aus, dass sie einen Kohlwickel herstellen können. Für eine Roulade nehme ich immer zwei Blätter. Etwas von der Hackmasse in die Mitte der Blätter geben und vorsichtig eine Roulade wickeln. Dabei ist etwas Fingerspitzengefühl gefragt. Sollte die Roulade mit einem Hölzchen nicht halten, nehmen sie weißes Nähgarn und umwickeln sie den Wirsing damit so, dass das Hackfleisch nicht herausrutschen kann. Aus einem großen Wirsing müsste man 3-4 Rouladen wickeln können. Das Öl in einer Bräter heiß werden lassen und die Wirsingrollen darin rundherum braun anbraten. Mit Gemüsebrühe angießen und auf kleiner

Hitze 15 Minuten köcheln lassen. Geben sie 2 Bratensaftwürfel in die Flüssigkeit. Die Wirsingrouladen herausnehmen und auf eine Platte legen. Abkühlen lassen und vorsichtig den Faden abwickeln. Mit dunklem Soßenbinder andicken und die Rouladen zurück in die Soße legen und ziehen lassen. Zum Schluss die Kartoffeln kochen und anrichten.
Dazu ein herzhaftes Bierchen.
Guten Appetit!

in S/W
Lünen

4

Gulasch mit Makkaroni und Feldsalat
für 3-4 Personen

Zutaten:
700g Rindergulasch
5 Zwiebeln
3 Knoblauchzehen
2 rote Paprika
1 Schale Feldsalat
250g Makkaroni
1/2 Bund Petersilie
Essig, Öl, Senf
Pfeffer, Salz
Paprika- und Chiligewürz
Tomatenmark
Zucker
Butter

in S/W
Lünen

Zubereitung des Fleisches:

In heißem Öl den Gulasch, Tomatenmark, Gewürze, gewürfelte Zwiebeln und Paprika anbraten und zwischendurch immer etwas Flüssigkeit angießen (nur wenig). Dies solange machen, bis von den Zwiebeln und der Paprika nur noch wenig zu sehen ist. Jetzt mit Gemüsebrühe und Wasser, Bratensaftwürfel angießen und bei kleiner Hitze im geschlossenen Topf köcheln lassen. Zwischendurch stets umrühren und gegebenenfalls etwas Flüssigkeit nachgießen. Wenn das Fleisch weich ist, alles mit etwas Soßenbinder oder mit Bratensaft binden.

Zubereitung des Salates:

Essig, Öl, Pfeffer, Salz, ein Teelöffel Senf, zwei Teelöffel Zucker und die kleingeschnittene Petersilie zu einer Salatsoße mit dem Schneebesen verrühren. Die feinen Büschelchen des Feldsalates nur kurz unter kaltem Wasser abbrausen. In eine große Schüssel geben und mit der Salatsoße vermengen.

Zubereitung der Nudeln:

Die Makkaroni bissfest kochen. Abgießen und mit flüssiger Butter vermengen.
Nun können sie anrichten.
Guten Appetit!

5

Reibekuchen mit Apfelmus für 3-4 Personen

Zutaten:

3 kg neue Kartoffeln
1 Ei
2 dicke Zwiebeln
Pfeffer, Salz
Sonnenblumenöl
2 Esslöffel Mehl
Apfelkompott (Fertigprodukt)

Zubereitung:

Kartoffeln schälen und in eine große Schüssel mit Wasser legen. Am besten sie nehmen eine zweite hohe Schüssel und eine Kartoffelreibe. Oder ein elektrisches Gerät, mit dem sie die Kartoffeln ohne großen Kraftaufwand reiben können. Den geriebenen Kartoffelteig etwas ausdrücken. Aber bitte nur etwas, damit auch noch genug Kartoffelstärke im Teig bleibt. Nun geben wir ein Ei, die in Würfel geschnittene Zwiebel, das Mehl und die Gewürze dazu. Alles gut vermengen. Das Öl in der Pfanne heiß werden lassen. Nehmen sie eine gut beschichtete Pfanne, damit nichts anbacken kann. Jetzt mit einem Esslöffel kleine Häufchen in das heiße Fett geben und mit dem Rücken des Löffels flach drücken. Drei bis vier kleine Kartoffelplätzchen passen so in eine Pfanne. Von beiden Seiten, die Kartoffelküchlein knusprig braun backen und auf einen Teller legen. So den restlichen Teig abbacken und mit dem Apfelkompott servieren.

Ich wünsche ihnen einen guten Appetit!

6

Leber süß- sauer mit Püree und Erbsen
für 3-4 Personen

Zutaten:

5 Scheiben Kalbsleber.
3 Zwiebeln.
3 Lorbeerblätter.
5 Wacholderbeeren.
5 Nelken.
Zucker, Essig.
Pfeffer, Salz.
1/2 Bund Petersilie.
6 dicke Kartoffeln.
Milch.
Butter.
1 große Dose Erbsen (Fertigprodukt).

in S/W
Lünen

Zubereitung:

Die Leber abwaschen und trocken tupfen.
Pfeffern und salzen. Nun die Leber in Streifen
schneiden und mit den in Würfel geschnittenen
Zwiebeln anbraten. Den Herd runter schalten
und zu der Leber noch die Nelken,
Lorbeerblätter, Wacholderbeeren, zwei
Teelöffel Essig und zwei Teelöffel Zucker,
Pfeffer, Salz und die kleingeschnittene
Petersilie geben. Mit etwas Wasser angießen.
Alles noch ein paar Minuten köcheln lassen.
Den Topf zur Seite ziehen und mit Bratensaft
oder Soßenbinder eine sämige Konsistenz
herstellen. Alles noch mal
süß- sauer abschmecken.

Zubereitung der Erbsen:

Da dies ein Fertigprodukt ist, geht es sehr
schnell. In einem Topf etwas Butter erhitzen
und die Erbsen mit samt der Flüssigkeit
hineingeben. Mit Pfeffer, Salz und einem
Esslöffel Zucker, etwas Petersilie abschmecken.

Zubereitung Kartoffelpüree:

Siehe letztes Rezept.

Nun können sie servieren. In den warmen
Püree mit einem großen Löffel ein Loch
machen und die Leber mit der
Soße hineingeben. Die Erbsen dazu, ist ein
wahrer Genuss.

Ich wünsche ihnen einen guten Appetit!

7

Geschnetzeltes mit Champions, Reis, rote Beete
für drei Personen

Zutaten:

3 Schweineschnitzel aus der Oberschale
1 dicke Zwiebel
1 Schale weiße Champions
1 Becher Sahne
1/2 Bund Petersilie
Pfeffer, Salz
Sojasoße
heller Soßenbinder
2 Beutel Kochbeutelreis
1 Glas rote Beete in Scheiben

Zubereitung:

Die Schnitzel in Streifen schneiden und mit der
gewürfelten Zwiebel, den Gewürzen und der
Sojasoße anbraten. Die vorher geputzten und
in Scheiben geschnittenen Pilze dazugeben
und kurz kurz mit braten. Nun die fein
geschnittene Petersilie dazu geben und mit der
Sahne auffüllen. Auf kleinster Stufe noch 2
Minuten köcheln. Den Topf vom Herd nehmen
und mit hellem Soßenbinder andicken.
Alles noch mal abschmecken. Statt Soßenbinder, können sie auch etwas Champion
Cremesuppe einrühren. Den Reis im Kochbeutel
körnig kochen und mit dem Geschnetzelten und
der roten Beete anrichten.

Guten Appetit!

Mein
Blutdruck-
Tagebuch

Wochentag	Datum	Uhrzeit	Blutdruck	Puls
Montag	6.5.2016	8.15 Uhr	121 / 80	78
Montag	6.5.2016	11.30 Uhr	120 / 81	77

Renate Sültz
Uwe H. Sültz

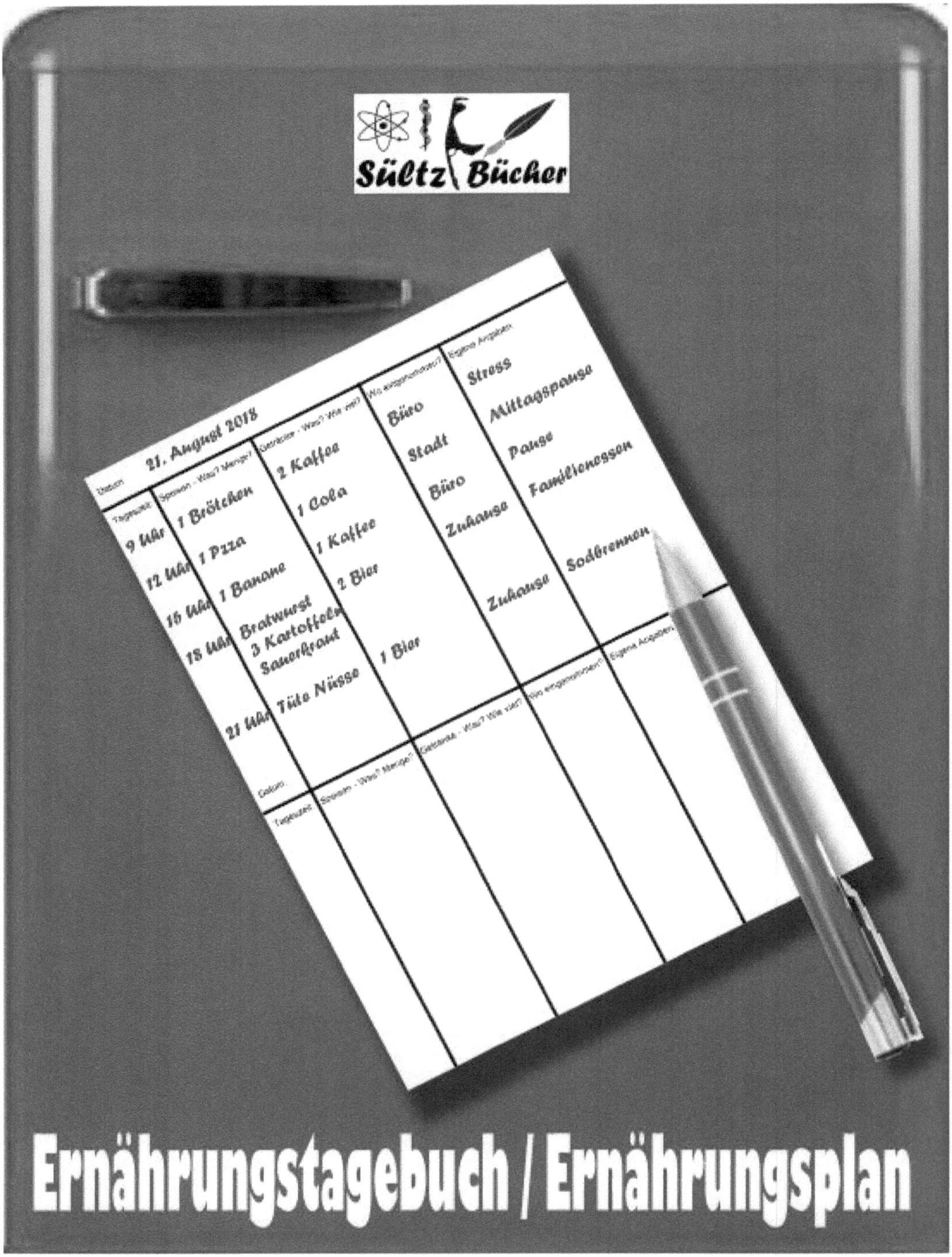

Sültz Bücher

Datum:	Tageszeit	Speisen - Was? Menge?	Getränke - Was? Wie viel?	Wo eingenommen?	Eigene Angaben
21. August 2018				Büro	Stress
			2 Kaffee	Stadt	Mittagspause
	9 Uhr	1 Brötchen	1 Cola	Büro	Pause
	12 Uhr	1 Pizza	1 Kaffee	Zuhause	Familienessen
	15 Uhr	1 Banane	2 Bier		
	18 Uhr	Bratwurst 3 Kartoffeln Sauerkraut		Zuhause	Sodbrennen
	21 Uhr	Tüte Nüsse	1 Bier		

Datum:	Tageszeit	Speisen - Was? Menge?	Getränke - Was? Wie viel?	Wo eingenommen?	Eigene Angaben

Ernährungstagebuch / Ernährungsplan

Ess-Tagebuch

Diät-Tagebuch   Abnehm-Tagebuch

BEWUSST ESSEN
BEWUSST ABNEHMEN
BEWUSST LEBEN

Sültz Bücher

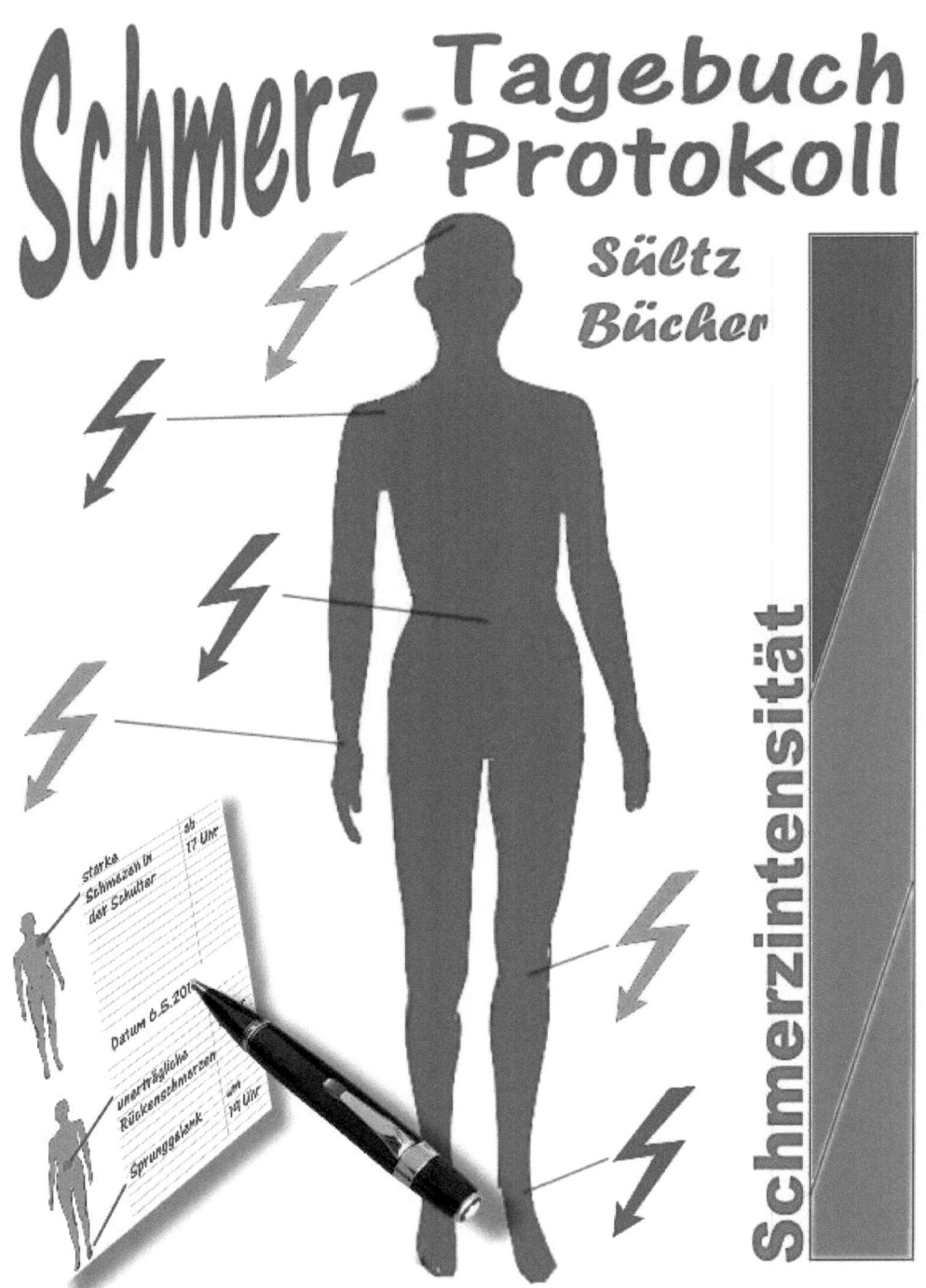

9

Zutaten:
250 g Spiralnudeln
500 g. Hackfleisch
2 rote Paprika
1 grüne Paprika
1 gelbe Paprika
1 Schlangengurke
1 Obergiene
Pfeffer, Salz
Tomatenmark
Paprikagewürz scharf
1 Bund Petersilie
2 Teelöffel Zucker
Sojasoße
2 Becher Sahne
Geriebener mittelalter Edamer

Zubereitung:
Die Nudeln bissfest kochen und abkühlen lassen.
Eine Auflaufform gut mit Butter einfetten. Dann
die Nudeln, die kleingewürfelte Paprika, die in
Stücke geschnittene Obergiene, die gewürfelte
Schlangengurke, aus der sie vorher die Kerne
entfernt haben, die Petersilie und alle
angegebenen Gewürze darauf verteilen.
Alle Zutaten etwas vermengen. Mit Sahne
angießen und dick mit Käse bestreuen.
Auf 180 Grad solange im Backofen lassen, bis
der Käse braun ist. Nun können sie den
reichhaltigen und leckeren Auflauf servieren.

Guten Appetit!

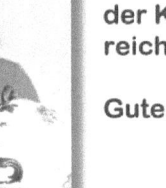

10

Apfelpuffer für 3-4 Personen

Zutaten:

4-5 Äpfel (kommt auf die Größe an, ob
entsprechend mehr oder weniger verwendet
werden.
500 g Mehl
1 Päckchen Backpulver
Milch
Mineralwasser
Salz
Zucker
2 Tütchen Vanillezucker
4 Eiweiß
3 ganze Eier

Zubereitung:
Eine große, hohe Schüssel nehmen. Nun das
Mehl, die ganzen Eier, Backpulver, Zucker, Salz,
Vanillezucker dazugeben. Die in kleine Stücke
geschnittenen Äpfel ebenfalls. Den Teig jetzt mit
Milch und Mineralwasser zu einem fließfähigen
Teig verrühren und zum Schluss noch das steif
geschlagene Eiweiß vorsichtig unterheben.
In einer gut beschichteten Pfanne
Sonnenblumenöl erhitzen. Nicht zu heiß werden
lassen, sonst verbrennt der Teig schnell.
3 oder 4 Häufchen, je nachdem wie groß die
Pfanne ist, in das Öl geben. Von beiden Seiten
braun braten. Zwischendurch mit einem
Holzstäbchen überall einstechen, damit
genügend Hitze ins Innere des Teiges gelangen
kann. Es kommt manchmal vor, dass die
Küchlein rund herum braun sin und der Teig ist
noch etwas flüssig. Backen sie alles
nacheinander ab. Jetzt können sie servieren.
Auch kalt gegessen sind die Apfelplätzchen
ein Genuss.

Guten Appetit!

Salat 1 - Roter Hering-Salat

Salat 2 - Matjes-Salat ohne Majonäse

Salat 3 - Krabbensalat mit Majonäse

Salat 4 - Tunfisch-Salat mit Majonäse

Salat 5 - Räucher-Fischsalat

Salat 6 - Heringstipp in Sahne-Dillsauce

Salat 7 - Omas Party-Nudelsalat

Salat 8 - Omas Party-Eiersalat

Salat 9 - Party-Kartoffelsalat nach Mutters Art

Salat 1

Roter Hering-Salat.

Zutaten für vier Personen:

**Vier Matjesfilets in Öl.
Zwei-drei saure Gurken.
Eine dicke Zwiebel.
Ein Glas Rote Beete und Saft.
Eine Tüte gehackte Walnüsse
(Nicht gemahlen).
Zwei mittelgroße Pellkartoffeln.
Zwei hart gekochte Eier.
Ein Viertel Stück Sellerie.
Ein Becher Sahne.
Majonäse (Fertigprodukt).
Gehackte Petersilie (frisches Produkt).
Pfeffer, Salz (bitte nur wenig).**

Zubereitung:
Das Matjesfilet aus der Verpackung nehmen und in Buttermilch zwei Stunden einlegen. Danach abspülen und in kleine Würfel schneiden. Eine Schüssel bereitstellen und nach und nach alle Zutaten hineingeben. Nun über die Matjeswürfel eine dicke Zwiebel, in kleine Würfel geschnitten, geben. Dann die Gurken ebenfalls in kleine Würfel schneiden und zugeben. Den Sellerie bissfest kochen und in sehr kleine Würfel schneiden. Die harten Eier ebenfalls kleinschneiden und dazugeben. Die Walnussstücke auf die anderen Zutaten verteilen. Nun die Rote Beete in kleine Streifen oder Stückchen schneiden. Mit dem Saft dazugeben. Aber nur so viel Saft, bis sich alles rot gefärbt hat. Frische Petersilie schneiden und unterheben. Die Pellkartoffeln auch klein schneiden und hineingeben. Alle Zutaten mit Pfeffer, Salz, Majonäse und Sahne, je nach Geschmack, vermischen.
Den fertigen Salat zwei Stunden im Kühlschrank ziehen lassen.
Dazu schmeckt frisches Brot am besten.

Guten Appetit!

Salat 2

Matjes-Salat ohne Majonäse.

Zutaten:
Auf dem Markt frischen Matjes besorgen.
Ich gehe bei diesen Rezepten von vier Personen aus.
Vier Matjesfilets (frisch).
Zwei große Gewürzgurken.
Zwei dicke Zwiebeln.
Eine rote Paprika.
Nelken und Pfefferkörner, oder ein Tütchen Fischgewürz.
Frische Petersilie.

Zubereitung:

Einen Sud herstellen aus etwas Wasser, Essig, Zucker und Fischgewürz.
Alles kurz aufkochen und abkühlen lassen. Den Matjes in mundgerechte
Stücke schneiden (nicht zu klein). In eine Schale geben. Die in Ringen
geschnittene Zwiebel darauf verteilen. Dann die Gurken, in Würfel
geschnitten, dazugeben. Die Rote Paprika in kleine Streifen schneiden
und ebenfalls dazugeben. Frische Petersilie klein schneiden und
unterziehen. Mit Pfeffer, Salz, Zucker und etwas von dem warmen
Fisch Sud, sodass der Matjes etwas bedeckt ist, zugeben. Die Schale mit
dem fertigen Salat im Kühlschrank zwei Stunden durchziehen lassen.
Mit frischem Brot servieren und einem gut gekühlten Bierchen.

Guten Appetit!

Salat 3

Krabbensalat mit Majonäse.

Für vier Personen.

Zutaten:

Vier Schälchen Krabben. Oder frische Krabben.
Eine Zwiebel.
Drei Scheiben Ananas.
Zwei Peperoni.
Eine Dose feine Erbsen.
Majonäse, Sahne.
Pfeffer, Salz eine Prise Zucker, Currygewürz.
Petersilie.

Zubereitung:

Alle Zutaten kleingeschnitten miteinander vermengen.
Mit Majonäse, Sahne und den Gewürzen abschmecken und im Kühlschrank eine Stunde ziehen lassen.

Guten Appetit!

Salat 4

Tunfisch-Salat mit Majonäse.

Zutaten für vier Personen.

Vier Dosen Tunfisch in Öl.
Zwei Zwiebeln.
Drei Gewürzgurken (nicht zu klein).
Eine Dose feine Erbsen.
Eine Dose Mais.
Ein kleines Glas eingelegte und in
Streifen geschnittene Paprika.
Zwei süße Äpfel.
Majonäse, Sahne.
Zwei Esslöffel Öl.
Pfeffer.
Ein Teelöffel Zucker.
Frische Petersilie.

Zubereitung:

Den Tunfisch abtropfen lassen und mit
der Gabel zerpflücken.
In eine Schüssel geben. Erbsen, Mais,
kleingeschnittene Äpfel, Zwiebel, Paprika
aus dem Glas, Gurken, Majonäse, Sahne
und den Gewürzen gut vermengen.
Mit Petersilie garnieren. Im Kühlschrank
zwei Stunden ziehen lassen.

Guten Appetit!

Salat 5

Räucher-Fischsalat.

Zutaten für vier Personen.

Ein Stück geräucherter Aal.
Ein Stück geräucherte Makrele
(bitte sorgfältig die Gräten entfernen).
Ein Stück geräucherter Lachs.
Zwei Schillerlocken.
Eine Dose rote Bohnen.
Eine Dose Kidneybohnen.
Petersilie.
Eine große Zwiebel.
Eine Grüne und eine rote Paprika.
Eine Dose Mais.
Pfeffer, Paprikagewürz.
Sojasoße, Essig, Öl,
Einen Teelöffel Zucker.
Zwei Esslöffel Tomaten-
Ketchup.

Zubereitung:

Zuerst eine Marinade herstellen. Dazu Essig, Öl, Zucker, kleingeschnittene
Zwiebeln und Petersilie, Pfeffer und Tomaten-Ketchup miteinander gut
verrühren und etwas ziehen lassen. Nun die Fischsorten in kleine Stücke
schneiden und in eine Schüssel geben. Die roten und die Kidneybohnen
dazugeben. Die grüne und rote Paprika in Würfel schneiden und ebenfalls
über die Fisch-Würfel geben. Mit Paprikapulver und Sojasoße würzen.
Zum Schluss die Marinade darüber gießen und im Kühlschrank gut
durchziehen lassen. Darzu schmeckt frisches Schwarzbrot mit Butter gut.

Guten Appetit!

Salat 6

Heringstipp in Sahne-Dillsoße.

Zutaten für vier Personen.

Vier Matjesfilets.
Zwei dicke Gewürzgurken.
Ein dicker, süßer Apfel.
Zwei mittelgroße Zwiebeln.
Ein Bund Dill.
Ein Becher Sahne.
Majonäse.
Pfeffer und Salz.
Ein Teelöffel Zucker.

Zubereitung.

Den Hering in Buttermilch eine Stunde einlegen, abspülen und in Stücke schneiden. Dill kleinschneiden und darüber geben. Die Gurken, die Zwiebel und den Apfel ebenfalls kleinschneiden und unterheben. Mit den Gewürzen, Sahne und Majonäse abschmecken. Dann im Kühlschrank gut durchziehen lassen. Mit Pellkartoffeln serviert einfach lecker.

Guten Appetit!

Salat 7

Zum Schluss noch drei Partysalate, die aber auch zu anderen Gelegenheiten gegessen werden können.

Nudelsalat wie meine Oma ihn immer machte, für 3-4 Personen.

Zutaten:

250 gr. kleine Nudeln.
1 Bund Petersilie.
1 kleine Dose Erbsen.
1 kleine Dose Mais.
2 dicke Gewürzgurken.
1 kleine Zwiebel.
3 hart gekochte Eier.
1 kleine, rote Paprika.
Pfeffer, Salz, Currygewürz.
1 Esslöffel Tomatenmark oder 3 Esslöffel Ketchup.
1 Schuss Sojasoße.
1 Schuss Sahne.
Majonäse (Menge nach Geschmack).

Zubereitung:

Die Nudeln bissfest kochen, nicht abspülen.
Alle angegebenen Zutaten fein würfeln und mit
den Gewürzen, der Majonäse, dem Tomatenmark
und der Sahne gut vermengen. Im Kühlschrank
den Salat eine gute Stunde ziehen lassen.

Ich serviere ihn gerne mit knackigen Wiener Würstchen.
Guten Appetit!

Salat 8

Eiersalat für 3-4 Personen.

Zutaten:

10 frische Eier.
1 Glas Spargel.
1 kleine Dose Champions.
1 kleine Dose Erbsen.
Gewürzgurken (Menge nach Geschmack).
1 kleine Zwiebel.
3 mittelgroße Tomaten.
1 Bund frischer Schnittlauch.
Majonäse, Sahne.
Etwas Gurkenbrühe.
1 Schuss Tomatenketschup.
Pfeffer, Salz, Paprikagewürz.

Zubereitung:

Die Eier hart kochen und in Würfel schneiden. Eine große Schüssel nehmen und alle anderen Zutaten und Gewürze in Würfel schneiden, dann zu den gekochten Eiern geben. Mit der Gurkenbrühe zum Schluss abschmecken. 1-2 Stunden im Kühlschrank ziehen lassen.

Ich serviere Eiersalat gerne mit frisch gebratenen Frikadellen.
Guten Appetit!

Salat 9

Kartoffelsalat nach Mutters Art für 3-4 Personen.

Zutaten:

2 kg festkochende, kleine Kartoffeln.
1 Glas Dillgurken.
1 Zwiebel.
2 Esslöffel mittel- scharfer Senf.
Etwas frischer Dill.
Gurkenbrühe.
4 Eigelb.
Öl, Essig.
Pfeffer, Salz.
3 Esslöffel fertige Majonäse.

Zubereitung:

Kartoffeln kochen bis sie gar sind und noch warm pellen. Eine große Schüssel nehmen. Die Kartoffeln in ganz dünnen Scheiben schneiden und hineingeben. Mit der Gurkenbrühe übergießen. Dann den Dill klein schneiden und darüber geben. Zwiebeln und Gurken ebenfalls in kleine Würfel schneiden und dazu geben. Alle Gewürze und eine selbst geschlagene Majonäse von den 4 Eigelben und dem Öl dazugeben. Zum Schluss auch noch die 3 Esslöffel fertige Majonäse zugeben. Jetzt alles vorsichtig vermengen und im Kühlschrank mindestens 3 Stunden gut durchziehen lassen. Sollte der Salat noch zu fest sein, nochmal mit etwas Gurkenbrühe verfeinern.

Ich serviere Kartoffelsalat gerne mit einem saftigen Stielkotelett. Guten Appetit!

Suppe 1 Gemüsesuppe mit Mettwürstchen

Suppe 2 Hühnersuppe mit Reis

Suppe 3 Linsensuppe mit Würstche

Suppe 4 Weiße Bohnensuppe mit Bratwurstbällche

Suppe 5 Rindfleischsuppe mit Nudeln

Suppe 6 Erbsensuppe mit Kassler

Suppe 7 Möhrensuppe mit Rippche

Suppe 8 Graupensuppe wie Oma sie machte

Suppe 9 Herzhafte Fischsuppe mit Ingwer

Suppe 10 Bunte Fischsuppe

Suppe 1   Gemüsesuppe mit Mettwürstchen, für 4 Personen

Zutaten:

1 Beutel Suppengemüse aus der Gefriertruhe
1 Packung Mettenden
3 Kartoffeln
1 mittelgroße Zwiebel
1 Esslöffel Mehl
3 Esslöffel Zucker (hört sich viel an, ist aber für einen
    großen Topf Suppe genau das richtige Maß)
2 Würfel Gemüsebrühe
Pfeffer und Salz
1 Esslöffel Mehl
eventuell etwas Maggi zum Nachwürzen
etwas frische Petersilie

Zubereitung:
In einem großen Topf das gefrorene Suppengemüse, mit den klein
gewürfelten Kartoffeln, den in Scheiben geschnittenen Mettenden
und den Gewürzen, kurz in etwas Rapsöl andünsten.
Dann mit Wasser und den Gemüsebrühe-Würfeln bedecken.
Die Suppe auf kleiner Hitze solange köcheln lassen, bis die Kartoffeln
weich sind. Das Gemüse darf aber nicht verkochen.
Zum Schluss in einer Pfanne die in Würfel geschnittene Zwiebel
mit etwas Butter anrösten. Einen gestrichenen Esslöffel Mehl in die
heiße Zwiebelmasse schnell einrühren. Zum Schluss alles in die
Suppe geben und sorgfältig unterrühren. Dadurch bekommt der
Eintopf eine leichte Sämigkeit. Die Suppe sollte mindestens eine gute
Stunde durchziehen, bevor sie serviert wird.
Nun noch mit etwas frischer Petersilie bestreuen und warm servieren.

Guten Appetit!

Hühnersuppe mit Reis, für 3-4 Personen

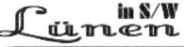

Zutaten:

Auf dem Wochenmarkt ein großes Stück
Hühnerbrust mit einem nicht zu kleinen
Stück Hühnerfett besorgen
1 Stange Porree
   Ein gutes Stück Sellerieknolle
1 Möhre
1 Bund Petersilie
   Ein paar Pfefferkörner
3 Nelken
   Pfeffer und Salz
1 Kochbeutel Reis
   etwas Gemüsebrühe

Zubereitung:

Die Hühnerbrust mit dem Fett und dem
kleingeschnittenen Gemüse, den Gewürzen
und der Gemüsebrühe, bei mittlerer Hitze
solange kochen, bis das Fleisch weich ist.
Dann die Hühnerbrust herausnehmen und
abkühlen lassen.
Die Brühe in einen anderen Topf umschütten.
Dabei alles durch ein Sieb gießen. Die klare
Hühnersuppe nun mit etwas frischer Petersilie
und einigen Ringen Porree, welches man sich
vorher zurück behalten hat und dem
kleingeschnittenen Hühnerfleisch, noch einmal
etwas ziehen lassen. Zum Schluss noch den
gekochten Reis dazugeben und eventuell mit
Salz und Gemüsebrühe abschmecken.

Heiß servieren. Bei Erkältungen 3 mal am Tag
eine Tasse heiße Suppe essen.

Guten Appetit!

Suppe 3

Linsensuppe mit Würstchen, für 3-4 Personen

Zutaten:

1 Packung Linsen von Müllers Mühle oder andere
1 Bund Suppengrün
3 Kartoffeln
1 Zwiebel
1 Scheibe durchwachsener, geräucherter Speck
 Fleischbrühe
Pfeffer und Salz
Essig zum Abschmecken
1 gestrichener Esslöffel Mehl

Zubereitung:

Die Linsen, mit dem kleingeschnittenen Gemüse, dem Speck und
den Gewürzen, bei kleiner Hitze köcheln lassen. Wenn die Linsen
halb weich sind, die in Würfel geschnittenen Kartoffeln dazugeben.
Die Suppe fertig garen, aber nicht verkochen lassen. Nun den
weichen Bauchspeck herausnehmen und in Würfel schneiden.
Wieder in die fertige Suppe geben. Den Eintopf mit den vorgegebenen
Gewürzen und dem Essig nachwürzen. Zum Schluss die Zwiebel
in Würfel schneiden und mit etwas Butter braun andünsten. Für
die Sämigkeit der Suppe, nehme ich immer einen gestrichenen
Esslöffel Mehr, rühre ihn schnell in die heiße Zwiebelmasse und
gebe diese noch schneller in die fertige Suppe. Ca. 1 Stunde ziehen
lassen und mit Wiener Würstchen servieren.

Guten Appetit!

Weiße Bohnensuppe mit Bratwurstbällchen, für 3-4 Personen

Zutaten:

4 frische Bratwürstchen

2 Dosen weiße Bohnen(schon gegart)

3 Kartoffeln

1 Stange Porree

1 Zwiebel

Pfeffer und Salz

Gemüsebrühe

Zubereitung:

Da die Bohnen schon gar sind, ist diese Suppe schnell zubereitet und für Berufstätige gerade das Richtige.

Den Inhalt beider Dosen in einen großen Suppentopf geben und direkt mit den Gewürzen, den kleingewürfelten Kartoffeln, der Fleischbrühe und dem fein geschnittenen Porree nur, solange kochen, bis die Kartoffelwürfelchen weich sind. Nun den Inhalt der Bratwurst auf einen Teller drücken und davon Bällchen formen. Die Bratwurstbällchen in der fertigen Suppe gar ziehen lassen. Da diese Suppe schon sämig genug ist, lasse ich nur die Zwiebel aus und gebe sie dazu. Die geröstete Zwiebel gibt den Suppen ein feines Röstaroma. Auch diese Suppe eine Stunde ziehen lassen und mit Kaviarbrot servieren.

Guten Appetit!

Suppe 5   Rindfleischsuppe mit Nudeln

Zutaten:

Auf dem Wochenmarkt oder bei ihrem Metzger um die Ecke
ein schönes Stück hohe Rippe und einige Sandknochen kaufen.
Ich rechne immer für 3- 4 Personen, denn den Rest friere ich
ein und bei der nächsten Gelegenheit taue ich sie wieder auf.
Die Suppe verliert nichts von ihrem Aroma und ihrer Frische.
Eine große Stange Suppengrün.

       1/2 Sellerieknolle
       1 dicke Möhre
       1 Bund Petersilie
       Kleine Suppennudeln

Zubereitung:

Etwas von dem gesamten Suppengrün und der Petersilie zurückbehalten.
Das Suppengrün und die Petersilie waschen und grob zerteilen. Einen
großen Suppentopf nehmen. Darin das Suppenfleisch mit den Knochen
und dem Suppengemüse geben. Mit kaltem Wasser, etwas Fleischbrühe
und einigen Pfefferkörnern gut bedecken. Solange das Fleisch kochen
lassen, bis es weich ist. Dies kann bis zu 2. Stunden dauern, also nichts
für Berufstätige. Die Rindfleischsuppe ist gehaltvoll, wenn sich an der
Oberfläche Fettaugen gebildet haben.
Nun das weiche Fleisch und die Knochen herausnehmen. Die Suppe durch
ein großes Sieb in einen anderen Topf umgießen. Das zuvor abgeteilte
Suppengrün mit der Petersilie in kleine Ringe schneiden und auf kleiner
Stufe, in der klaren Rinderbrühe mit den Suppennudeln und dem
gewürfelten Rindfleisch ziehen lassen, bis die Nudel gar sind. Ich serviere
sie sofort mit frischem, selbstgebackenem Bauernbrot.

   Guten Appetit!

Erbsensuppe mit Kassler

Zutaten:

1 Packung grüne Erbsen geschält
1 Stück Rückenspeck geräuchert
1 Zwiebel
1 Bund Suppengrün
3 Kartoffeln
3 dicke Scheiben Kassler
Für den Geschmack, koche ich noch
eine Knoblauchwurst mit.
Pfeffer, Salz und etwas Gemüsebrühe

Zubereitung:
Die Erbsen müssen über Nacht eingeweicht werden. Dazu mit etwas Wasser
bedecken, Deckel drauf und stehen lassen.
Am anderen Tag mit dem kleingeschnittenen Suppengrün, dem Kassler
und der Knoblauchwurst gar kochen. Kurz vor Ende der Garzeit noch die
kleingewürfelten Kartoffeln zugeben und weich werden lassen. Mit den
Gewürzen und der Gemüsebrühe noch etwas abschmecken. Auch diese
Suppe ist sämig genug nach dem Kochen.
Hier lasse ich nur den in Würfel geschnittenen, geräucherten Speck
knusprig aus und gebe alles samt dem Speckfett in die Suppe. Sollte sie zu
dick geworden sein, gebe ich noch etwas Wasser dazu.
Das Kassler vom Knochen lösen und mit der Wurst kleinschneiden.
Wieder unter die Suppe heben und eine Stunde ziehen lassen.
Erbsensuppe ist so reichhaltig, dass ich hier kein Brot extra dazu reiche.

Guten Appetit!

Möhrensuppe mit Rippchen

Zutaten:

1 kg Möhren
3 Kartoffeln
5 Zwiebeln
1 Zwiebel zum auslassen
1 Bund frische Petersilie
1/2 Fleischwurst
Pfeffer, Salz
Muskatnuss
Gemüsebrühe
3 Esslöffel Zucker

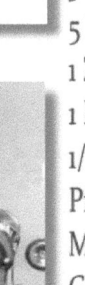

Zubereitung:

Die Möhren mit einem Sparschäler putzen und klein würfeln. Die Kartoffeln und die Zwiebeln ebenfalls fein würfeln und dazu geben. Die Petersilie klein schneiden und mit den Gewürzen und der Gemüsebrühe zu den ebenfalls dazu geben. Der Suppentopf sollte nicht zu klein sein. Mit Wasser bedecken. Nun alles bei mittlerer Hitze gar köcheln lassen. Das Gemüse sollte nicht verkochen. Nun die Zwiebel in etwas Butter anrösten und mit dem gestrichenen Esslöffel Mehl verrühren. Schnell alles unter die fertige Suppe ziehen. Die Suppe vor dem servieren noch eine Stunde ruhen lassen und mit der in Streifen geschnittenen Fleischwurst auf den Tisch bringen.

Guten Appetit!

Zutaten:

Auf dem Wochenmarkt oder bei ihrem Metzger
um die Ecke, ein schönes Stück hohe Rippe und
einige Sandknochen kaufen. Ich rechne immer
für 3- 4 Personen, denn den Rest friere ich ein
und bei der nächsten Gelegenheit taue ich sie
wieder auf. Die Suppe verliert nichts von ihrem
Aroma und ihrer Frische.
Eine große Stange Suppengrün.
1/2 Sellerieknolle
1 dicke Möhre
1 Bund Petersilie   Dazu brauchen sie noch:

      1 Päckchen Perlgraupen
        etwa von Müllers Mühle
      3 Kartoffel

Die Zubereitung ist wie bei der Rindfleischsuppe gleich.
Außer, dass statt Nudeln noch klein gewürfelte Kartoffel
und die gekochten Graupen unter die Suppe gehoben
werden. Dann alles nochmal gar ziehen lassen, bis die
Kartoffel und das zum Schluss dazugegebene Gemüse
weich sind.   Guten Appetit

Herzhafte Fischsuppe mit Ingwer, für 2- 3 Personen

Zutaten:

100 g Flusskrebse (frisch oder aus der Kühlung)
250 g Zanderfilet (Vom Wochenmarkt)
1 mittelgroße Zwiebel
2 Ingwerwurzeln
100 g Sellerie (müssen nicht genau 100 g sein)
Ob mehr oder weniger, spielt keine Rolle.
400 ml Gemüsefond
1 Zitrone
Pfeffer, Salz
Sojasoße
Etwas Dill zum bestreuen.

Zubereitung:

Das Zanderfilet kurz unter kaltem Wasser abspülen und auf
einen flachen Teller legen. Mit Zitronensaft beträufeln und
abgedeckt zur Seite stellen. Auch die Krebse zur Seite stellen.
Nehmen sie nun einen nicht zu kleinen Topf. Gießen sie den
Gemüsefond hinein und etwas Wasser. Jetzt den Sellerie, den
Ingwer und die Zwiebel in Würfel schneiden und dazu geben.
Mit Sojasoße, Pfeffer und Salz würzen und köcheln lassen,
bis Ingwer und Sellerie etwas weich geworden sind.
Zum Schluss die Krebse und den in kleine Stücke
geschnittenen Zander dazugeben und nur noch einige
Minuten ziehen lassen. Vor dem Servieren mit dem gezupften
Dill bestreuen. Dazu schmeckt ein Kühles Sylter Bierchen.

Guten Appetit!

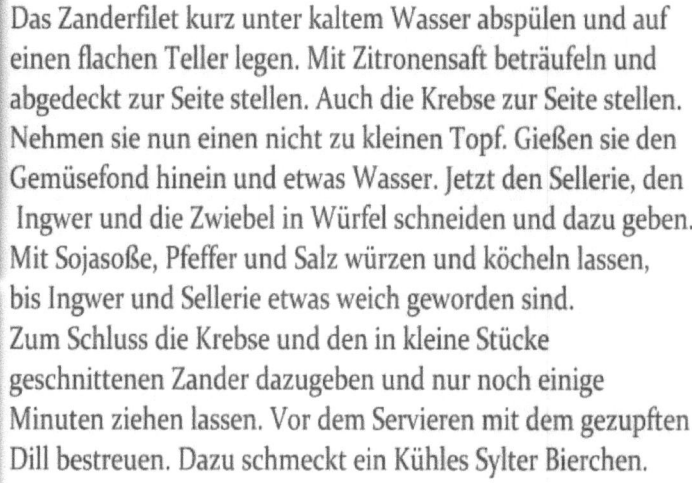

Bunte Fischsuppe

Zutaten:

400 g Schollenfilets
1/2 Bund Dill
1 Bund Suppengemüse
1 Zwiebel
400 ml Gemüsebrühe
1. Zitrone
4 Körner Piment
2 Lorbeerblätter
Sojasoße, Pfeffer, Salz

in S/W
Lünen

Zubereitung:

Die Gemüsebrühe mit etwas Wasser, dem Suppengemüse,
der Zwiebel und den Gewürzen köcheln lassen, bis das
Gemüse weich ist. Nun das Schollenfilet, welches sie
vorher mit Zitrone beträufelt hatten, in kleine Stücke
schneiden und in der Gemüsebrühe gar ziehen lassen.
Noch mal abschmecken und mit Dill bestreut servieren.

in S/W
Lünen

Auch hierzu kann ich nur
ein kaltes Sylter Bierchen empfehlen.

Guten Appetit!

in S/W
Lünen

in S/W
Lünen

in S/W
Lünen

Leber süß- sauer mit Püree und Erbsen für 3-4 Personen

Gemüsesuppe mit Mettwürstchen, für 4 Personen

Erbsensuppe mit Kassler

Krabbensalat mit Majonäse

Möhrensuppe mit Rippchen

Bunter Nudelauflauf für 3-4 Personen

Linsensuppe mit Würstchen, für 3-4 Personen

Weiße Bohnensuppe mit Bratwurstbällchen, für 3-4 Personen

Hühnersuppe mit Reis, für 3-4 Personen

Spagetti Bolognese mit Parmesankäse für 3 Personen

Heringstipp in Sahne-Dillsoße

Gulasch mit Makkaroni und Feldsalat für 3-4 Personen

Roter Hering-Salat.

Reibekuchen mit Apfelmus für 3-4 Personen

Bunte Fischsuppe
Räucher-Fischsalat

Geschnetzeltes mit Champions, Reis, rote Beete
für drei Personen

Ein Eintopf aus grünen Bohnen, Tomaten und
Hackfleisch
für 3-4 Personen

**Wirsingrouladen mit Salzkartoffeln
für 3-4 Personen**

Graupensuppe wie Oma sie machte

Rindfleischsuppe mit Nudeln

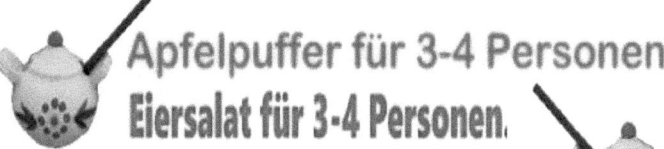

Apfelpuffer für 3-4 Personen

Eiersalat für 3-4 Personen.

Kartoffelsalat nach Mutters Art für 3-4 Personen.

**Nudelsalat wie meine Oma ihn immer machte,
für 3-4 Personen.**

Leber süß- sauer mit Püree und Erbsen
für 3-4 Personen

Zutaten:

5 Scheiben Kalbsleber.
3 Zwiebeln.
3 Lorbeerblätter.
5 Wacholderbeeren.
5 Nelken.
Zucker, Essig.
Pfeffer, Salz.
1/2 Bund Petersilie.
6 dicke Kartoffeln.
Milch.
Butter.
1 große Dose Erbsen (Fertigprodukt).

in S/W
Lünen

Zubereitung:

Die Leber abwaschen und trocken tupfen. Pfeffern und salzen. Nun die Leber in Streifen schneiden und mit den in Würfel geschnittenen Zwiebeln anbraten. Den Herd runter schalten und zu der Leber noch die Nelken, Lorbeerblätter, Wacholderbeeren, zwei Teelöffel Essig und zwei Teelöffel Zucker, Pfeffer, Salz und die kleingeschnittene Petersilie geben. Mit etwas Wasser angießen. Alles noch ein paar Minuten köcheln lassen. Den Topf zur Seite ziehen und mit Bratensaft oder Soßenbinder eine sämige Konsistenz herstellen. Alles noch mal süß- sauer abschmecken.

Zubereitung der Erbsen:

Da dies ein Fertigprodukt ist, geht es sehr schnell. In einem Topf etwas Butter erhitzen und die Erbsen mit samt der Flüssigkeit hineingeben. Mit Pfeffer, Salz und einem Esslöffel Zucker, etwas Petersilie abschmecken.

Nun das Püree fertigstellen.
Dazu die Kartoffeln weich kochen, abgießen und direkt Butter, warme Milch und Gewürze dazugeben. Jetzt alles fein stampfen. Mit dem Schneebesen die Kartoffelmasse cremig rühren. Sollte das Püree noch zu fest sein, kann man noch etwas Butter und Milch dazu geben.
Nun können sie servieren. In den warmen Püree mit einem großen Löffel ein Loch machen und die Leber mit der Soße hineingeben. Die Erbsen dazu, ist ein wahrer Genuss.

Ich wünsche ihnen einen guten Appetit!

Gemüsesuppe mit Mettwürstchen, für 4 Personen

Zutaten:

1 Beutel Suppengemüse aus der Gefriertruhe
1 Packung Mettenden
3 Kartoffeln
1 mittelgroße Zwiebel
1 Esslöffel Mehl
3 Esslöffel Zucker (hört sich viel an, ist aber für einen
   großen Topf Suppe genau das richtige Maß)
2 Würfel Gemüsebrühe
Pfeffer und Salz
1 Esslöffel Mehl
eventuell etwas Maggi zum Nachwürzen
etwas frische Petersilie

Zubereitung:
In einem großen Topf das gefrorene Suppengemüse, mit den klein
gewürfelten Kartoffeln, den in Scheiben geschnittenen Mettenden
und den Gewürzen, kurz in etwas Rapsöl andünsten.
Dann mit Wasser und den Gemüsebrühe-Würfeln bedecken.
Die Suppe auf kleiner Hitze solange köcheln lassen, bis die Kartoffeln
weich sind. Das Gemüse darf aber nicht verkochen.
Zum Schluss in einer Pfanne die in Würfel geschnittene Zwiebel
mit etwas Butter anrösten. Einen gestrichenen Esslöffel Mehl in die
heiße Zwiebelmasse schnell einrühren. Zum Schluss alles in die
Suppe geben und sorgfältig unterrühren. Dadurch bekommt der
Eintopf eine leichte Sämigkeit. Die Suppe sollte mindestens eine gute
Stunde durchziehen, bevor sie serviert wird.
Nun noch mit etwas frischer Petersilie bestreuen und warm servieren.

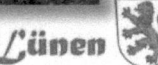

Erbsensuppe mit Kassler

Zutaten:

1 Packung grüne Erbsen geschält
1 Stück Rückenspeck geräuchert
1 Zwiebel
1 Bund Suppengrün
3 Kartoffeln
3 dicke Scheiben Kassler
Für den Geschmack, koche ich noch
eine Knoblauchwurst mit.
Pfeffer, Salz und etwas Gemüsebrühe

Zubereitung:

Die Erbsen müssen über Nacht eingeweicht werden. Dazu mit etwas Wasser bedecken, Deckel drauf und stehen lassen.

Am anderen Tag mit dem kleingeschnittenen Suppengrün, dem Kassler und der Knoblauchwurst gar kochen. Kurz vor Ende der Garzeit noch die kleingewürfelten Kartoffeln zugeben und weich werden lassen. Mit den Gewürzen und der Gemüsebrühe noch etwas abschmecken. Auch diese Suppe ist sämig genug nach dem Kochen.

Hier lasse ich nur den in Würfel geschnittenen, geräucherten Speck knusprig aus und gebe alles samt dem Speckfett in die Suppe. Sollte sie zu dick geworden sein, gebe ich noch etwas Wasser dazu.

Das Kassler vom Knochen lösen und mit der Wurst kleinschneiden.

Wieder unter die Suppe heben und eine Stunde ziehen lassen.

Erbsensuppe ist so reichhaltig, dass ich hier kein Brot extra dazu reiche.

Krabbensalat mit Majonäse.

Für vier Personen.

Zutaten:

Vier Schälchen Krabben. Oder frische Krabben.
Eine Zwiebel.
Drei Scheiben Ananas.
Zwei Peperoni.
Eine Dose feine Erbsen.
Majonäse, Sahne.
Pfeffer, Salz eine Prise Zucker, Currygewürz.
Petersilie.

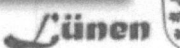

Zubereitung:

Alle Zutaten kleingeschnitten miteinander vermengen.

Mit Majonäse, Sahne und den Gewürzen abschmecken und im Kühlschrank eine Stunde ziehen lassen.

Möhrensuppe mit Rippchen

Zutaten:

1 kg Möhren
3 Kartoffeln
5 Zwiebeln
1 Zwiebel zum auslassen
1 Bund frische Petersilie
1/2 Fleischwurst
Pfeffer, Salz
Muskatnuss
Gemüsebrühe
3 Esslöffel Zucker

Zubereitung:

Die Möhren mit einem Sparschäler putzen
und klein würfeln. Die Kartoffeln und die
Zwiebeln ebenfalls fein würfeln und dazu
geben. Die Petersilie klein schneiden und
mit den Gewürzen und der Gemüsebrühe
zu den ebenfalls dazu geben. Der Suppentopf sollte nicht zu klein sein. Mit Wasser
bedecken. Nun alles bei mittlerer Hitze gar
köcheln lassen. Das Gemüse sollte nicht
verkochen. Nun die Zwiebel in etwas Butter
anrösten und mit dem gestrichenen Esslöffel
Mehl verrühren. Schnell alles unter die
fertige Suppe ziehen. Die Suppe vor dem
servieren noch eine Stunde ruhen lassen
und mit der in Streifen geschnittenen
Fleischwurst auf den Tisch bringen.

Bunter Nudelauflauf für 3-4 Personen

Zutaten:
250 g Spiralnudeln
500 g. Hackfleisch
2 rote Paprika
1 grüne Paprika
1 gelbe Paprika
1 Schlangengurke
1 Obergiene
Pfeffer, Salz
Tomatenmark
Paprikagewürz scharf
1 Bund Petersilie
2 Teelöffel Zucker
Sojasoße
2 Becher Sahne
Geriebener mittelalter Edamer

Zubereitung:
Die Nudeln bissfest kochen und abkühlen lassen.
Eine Auflaufform gut mit Butter einfetten. Dann
die Nudeln, die kleingewürfelte Paprika, die in
Stücke geschnittene Obergiene, die gewürfelte
Schlangengurke, aus der sie vorher die Kerne
entfernt haben, die Petersilie und alle
angegebenen Gewürze darauf verteilen.
Alle Zutaten etwas vermengen. Mit Sahne
angießen und dick mit Käse bestreuen.
Auf 180 Grad solange im Backofen lassen, bis
der Käse braun ist. Nun können sie den
reichhaltigen und leckeren Auflauf servieren.

Linsensuppe mit Würstchen, für 3-4 Personen

Zutaten:

1 Packung Linsen von Müllers Mühle oder andere
1 Bund Suppengrün
3 Kartoffeln
1 Zwiebel
1 Scheibe durchwachsener, geräucherter Speck
   Fleischbrühe
Pfeffer und Salz
Essig zum Abschmecken
1 gestrichener Esslöffel Mehl

Zubereitung:

Die Linsen, mit dem kleingeschnittenen Gemüse, dem Speck und
den Gewürzen, bei kleiner Hitze köcheln lassen. Wenn die Linsen
halb weich sind, die in Würfel geschnittenen Kartoffeln dazugeben.
Die Suppe fertig garen, aber nicht verkochen lassen. Nun den
weichen Bauchspeck herausnehmen und in Würfel schneiden.
Wieder in die fertige Suppe geben. Den Eintopf mit den vorgegebenen
Gewürzen und dem Essig nachwürzen. Zum Schluss die Zwiebel
in Würfel schneiden und mit etwas Butter braun andünsten. Für
die Sämigkeit der Suppe, nehme ich immer einen gestrichenen
Esslöffel Mehr, rühre ihn schnell in die heiße Zwiebelmasse und
gebe diese noch schneller in die fertige Suppe. Ca. 1 Stunde ziehen
lassen und mit Wiener Würstchen servieren.

Weiße Bohnensuppe mit Bratwurstbällchen, für 3-4 Personen

Zutaten:

4 frische Bratwürstchen
2 Dosen weiße Bohnen(schon gegart)
3 Kartoffeln
1 Stange Porree
1 Zwiebel
Pfeffer und Salz
Gemüsebrühe

Zubereitung:
Da die Bohnen schon gar sind, ist diese Suppe schnell zubereitet und für Berufstätige gerade das Richtige.
Den Inhalt beider Dosen in einen großen Suppentopf geben und direkt mit den Gewürzen, den kleingewürfelten Kartoffeln, der Fleischbrühe und dem fein geschnittenen Porree nur, solange kochen, bis die Kartoffelwürfelchen weich sind. Nun den Inhalt der Bratwurst auf einen Teller drücken und davon Bällchen formen. Die Bratwurstbällchen in der fertigen Suppe gar ziehen lassen. Da diese Suppe schon sämig genug ist, lasse ich nur die Zwiebel aus und gebe sie dazu. Die geröstete Zwiebel gibt den Suppen ein feines Röstaroma. Auch diese Suppe eine Stunde ziehen lassen und mit Kaviarbrot servieren.

Hühnersuppe mit Reis, für 3-4 Personen

Zutaten:

Auf dem Wochenmarkt ein großes Stück
Hühnerbrust mit einem nicht zu kleinen
Stück Hühnerfett besorgen
1 Stange Porree
   Ein gutes Stück Sellerieknolle
1 Möhre
1 Bund Petersilie
   Ein paar Pfefferkörner
3 Nelken
    Pfeffer und Salz
1 Kochbeutel Reis
   etwas Gemüsebrühe

Zubereitung:

Die Hühnerbrust mit dem Fett und dem
kleingeschnittenen Gemüse, den Gewürzen
und der Gemüsebrühe, bei mittlerer Hitze
solange kochen, bis das Fleisch weich ist.
Dann die Hühnerbrust herausnehmen und
abkühlen lassen.
Die Brühe in einen anderen Topf umschütten.
Dabei alles durch ein Sieb gießen. Die klare
Hühnersuppe nun mit etwas frischer Petersilie
und einigen Ringen Porree, welches man sich
vorher zurück behalten hat und dem
kleingeschnittenen Hühnerfleisch, noch einmal
etwas ziehen lassen. Zum Schluss noch den
gekochten Reis dazugeben und eventuell mit
Salz und Gemüsebrühe abschmecken.

Heiß servieren. Bei Erkältungen 3 mal am Tag
eine Tasse heiße Suppe essen.

Spagetti Bolognese mit Parmesankäse für 3 Personen

Zutaten:

250g Vollkornspagetti
2 Zwiebeln
500g Hackfleisch gemischt
3 dicke Tomaten
Öl zum anbraten
Tomatenmark
Oregano
Pfeffer, Salz, Paprikagewürz
2 Esslöffel Zucker. Er hebt den
Geschmack der Tomatensoße hervor.
Etwas Sojasoße
Etwas Tomatensaft oder Gemüsesaft
Butter für die Nudeln
1 Tütchen geriebener Parmesan

Im heißen Öl das Hackfleisch mit den gewürfelten Tomaten und Zwiebeln, dem Tomatenmark, dem Zucker und den Gewürzen gründlich anbraten. Wenn alles krümelig gebraten ist mit etwas Tomatensaft oder Gemüsesaft angießen. (Nicht zu viel). Noch mal 3 Minuten bei sehr kleiner Hitze köcheln lassen. Nun den Topf zur Seite stellen.
Die Spagetti bissfest kochen und vorsichtig abgießen.

Nicht mit Wasser abspülen. Etwas Butter schmelzen und über die Nudeln gießen. Mit Salz abschmecken. Sie können nun servieren. Zum Schluss noch über die Soße den Parmesankäse streuen.

Heringstipp in Sahne-Dillsoße

Zutaten für vier Personen.

Vier Matjesfilets.
Zwei dicke Gewürzgurken.
Ein dicker, süßer Apfel.
Zwei mittelgroße Zwiebeln.
Ein Bund Dill.
Ein Becher Sahne.
Majonäse.
Pfeffer und Salz.
Ein Teelöffel Zucker.

Zubereitung.

Den Hering in Buttermilch eine Stunde einlegen, abspülen und in Stücke schneiden. Dill kleinschneiden und darüber geben. Die Gurken, die Zwiebel und den Apfel ebenfalls kleinschneiden und unterheben.
Mit den Gewürzen, Sahne und Majonäse abschmecken.
Dann im Kühlschrank gut durchziehen lassen.
Mit Pellkartoffeln serviert einfach lecker.

Guten Appetit!

Gulasch mit Makkaroni und Feldsalat
für 3-4 Personen

Zutaten:
700g Rindergulasch
5 Zwiebeln
3 Knoblauchzehen
2 rote Paprika
1 Schale Feldsalat
250g Makkaroni
1/2 Bund Petersilie
Essig, Öl, Senf
Pfeffer, Salz
Paprika- und Chiligewürz
Tomatenmark
Zucker
Butter

Zubereitung des Fleisches:
In heißem Öl den Gulasch, Tomatenmark, Gewürze, gewürfelte Zwiebeln und Paprika anbraten und zwischendurch immer etwas Flüssigkeit angießen (nur wenig). Dies solange machen, bis von den Zwiebeln und der Paprika nur noch wenig zu sehen ist. Jetzt mit Gemüsebrühe und Wasser, Bratensaftwürfel angießen und bei kleiner Hitze im geschlossenen Topf köcheln lassen. Zwischendurch stets umrühren und gegebenenfalls etwas Flüssigkeit nachgießen. Wenn das Fleisch weich ist, alles mit etwas Soßenbinder oder mit Bratensaft binden.

Zubereitung des Salates:
Essig, Öl, Pfeffer, Salz, ein Teelöffel Senf, zwei Teelöffel Zucker und die kleingeschnittene Petersilie zu einer Salatsoße mit dem Schneebesen verrühren. Die feinen Büschelchen des Feldsalates nur kurz unter kaltem Wasser abbrausen. In eine große Schüssel geben und mit der Salatsoße vermengen.

Zubereitung der Nudeln:
Die Makkaroni bissfest kochen. Abgießen und mit flüssiger Butter vermengen.
Nun können sie anrichten.
Guten Appetit!

Roter Hering-Salat.

Zutaten für vier Personen:

Vier Matjesfilets in Öl.
Zwei-drei saure Gurken.
Eine dicke Zwiebel.
Ein Glas Rote Beete und Saft.
Eine Tüte gehackte Walnüsse
(Nicht gemahlen).
Zwei mittelgroße Pellkartoffeln.
Zwei hart gekochte Eier.
Ein Viertel Stück Sellerie.
Ein Becher Sahne.
Majonäse (Fertigprodukt).
Gehackte Petersilie (frisches Produkt).
Pfeffer, Salz (bitte nur wenig).

Zubereitung:

Das Matjesfilet aus der Verpackung nehmen und in Buttermilch zwei Stunden einlegen.
Danach abspülen und in kleine Würfel schneiden. Eine Schüssel bereitstellen und nach
und nach alle Zutaten hineingeben. Nun über die Matjeswürfel eine dicke Zwiebel, in
kleine Würfel geschnitten, geben. Dann die Gurken ebenfalls in kleine Würfel schneiden
und zugeben. Den Sellerie bissfest kochen und in sehr kleine Würfel schneiden. Die
harten Eier ebenfalls kleinschneiden und dazugeben. Die Walnussstücke auf die anderen
Zutaten verteilen. Nun die Rote Beete in kleine Streifen oder Stückchen schneiden. Mit
dem Saft dazugeben. Aber nur so viel Saft, bis sich alles rot gefärbt hat. Frische Petersilie
schneiden und unterheben. Die Pellkartoffeln auch klein schneiden und hineingeben. Alle
Zutaten mit Pfeffer, Salz, Majonäse und Sahne, je nach Geschmack, vermischen.
Den fertigen Salat zwei Stunden im Kühlschrank ziehen lassen.
Dazu schmeckt frisches Brot am besten.

Reibekuchen mit Apfelmus für 3-4 Personen

Zutaten:

3 kg neue Kartoffeln
1 Ei
2 dicke Zwiebeln
Pfeffer, Salz
Sonnenblumenöl
2 Esslöffel Mehl
Apfelkompott (Fertigprodukt)

Kartoffeln schälen und in eine große Schüssel mit Wasser legen. Am besten sie nehmen eine zweite hohe Schüssel und eine Kartoffelreibe. Oder ein elektrisches Gerät, mit dem sie die Kartoffeln ohne großen Kraftaufwand reiben können. Den geriebenen Kartoffelteig etwas ausdrücken. Aber bitte nur etwas, damit auch noch genug Kartoffelstärke im Teig bleibt. Nun geben wir ein Ei, die in Würfel geschnittene Zwiebel, das Mehl und die Gewürze dazu. Alles gut vermengen. Das Öl in der Pfanne heiß werden lassen. Nehmen sie eine gut beschichtete Pfanne, damit nichts anbacken kann. Jetzt mit einem Esslöffel kleine Häufchen in das heiße Fett geben und mit dem Rücken des Löffels flach drücken. Drei bis vier kleine Kartoffelplätzchen passen so in eine Pfanne. Von beiden Seiten, die Kartoffelküchlein knusprig braun backen und auf einen Teller legen. So den restlichen Teig abbacken und mit dem Apfelkompott servieren.

Bunte Fischsuppe

Zutaten:

400 g Schollenfilets
1/2 Bund Dill
1 Bund Suppengemüse
1 Zwiebel
400 ml Gemüsebrühe
1. Zitrone
4 Körner Piment
2 Lorbeerblätter
Sojasoße, Pfeffer, Salz

Die Gemüsebrühe mit etwas Wasser, dem Suppengemüse, der Zwiebel und den Gewürzen köcheln lassen, bis das Gemüse weich ist. Nun das Schollenfilet, welches sie vorher mit Zitrone beträufelt hatten, in kleine Stücke schneiden und in der Gemüsebrühe gar ziehen lassen. Noch mal abschmecken und mit Dill bestreut servieren.

Auch hierzu kann ich nur ein kaltes Sylter Bierchen empfehlen.

Räucher-Fischsalat.

Zutaten für vier Personen.

Ein Stück geräucherter Aal.
Ein Stück geräucherte Makrele
(bitte sorgfältig die Gräten entfernen).
Ein Stück geräucherter Lachs.
Zwei Schillerlocken.
Eine Dose rote Bohnen.
Eine Dose Kidneybohnen.
Petersilie.
Eine große Zwiebel.
Eine Grüne und eine rote Paprika.
Eine Dose Mais.
Pfeffer, Paprikagewürz.
Sojasoße, Essig, Öl,
Einen Teelöffel Zucker.
Zwei Esslöffel Tomaten-
Ketchup.

Zubereitung:

Zuerst eine Marinade herstellen. Dazu Essig, Öl, Zucker, kleingeschnittene Zwiebeln und Petersilie, Pfeffer und Tomaten-Ketchup miteinander gut verrühren und etwas ziehen lassen. Nun die Fischsorten in kleine Stücke schneiden und in eine Schüssel geben. Die roten und die Kidneybohnen dazugeben. Die grüne und rote Paprika in Würfel schneiden und ebenfalls über die Fisch-Würfel geben. Mit Paprikapulver und Sojasoße würzen. Zum Schluss die Marinade darüber gießen und im Kühlschrank gut durchziehen lassen. Darzu schmeckt frisches Schwarzbrot mit Butter gut.

Geschnetzeltes mit Champions, Reis, rote Beete für drei Personen

Zutaten:

3 Schweineschnitzel aus der Oberschale
1 dicke Zwiebel
1 Schale weiße Champions
1 Becher Sahne
1/2 Bund Petersilie
Pfeffer, Salz
Sojasoße
heller Soßenbinder
2 Beutel Kochbeutelreis
1 Glas rote Beete in Scheiben

Die Schnitzel in Streifen schneiden und mit der gewürfelten Zwiebel, den Gewürzen und der Sojasoße anbraten. Die vorher geputzten und in Scheiben geschnittenen Pilze dazugeben und kurz kurz mit braten. Nun die fein geschnittene Petersilie dazu geben und mit der Sahne auffüllen. Auf kleinster Stufe noch 2 Minuten köcheln. Den Topf vom Herd nehmen und mit hellem Soßenbinder andicken.
Alles noch mal abschmecken. Statt Soßenbinder, können sie auch etwas Champion Cremesuppe einrühren. Den Reis im Kochbeutel körnig kochen und mit dem Geschnetzelten und der roten Beete anrichten.

Ein Eintopf aus grünen Bohnen, Tomaten und Hackfleisch
für 3-4 Personen

Zutaten:
1 Beutel Tiefkühlbohnen, oder auf dem Wochenmarkt frische Bohnen
800 g Gehacktes
1 kg Tomaten
Bohnenkraut
2 Zwiebeln
frische Petersilie
Zucker
Pfeffer, Salz
etwas Rapsöl

Zubereitung:
Die Bohnen waschen und putzen. Dann in kochendem Wasser ein paar Minuten garen. Herausnehmen und kalt abspülen. In einem großen Topf die in Würfel geschnittenen Zwiebeln anrösten. Jetzt machen sie drei Lagen. Auf die Zwiebeln eine Lage Bohnen, eine Lage Tomaten, oder Tomaten aus der Dose, die sie vorher kleingeschnitten haben, eine Lage Hackfleisch. Gießen sie nur wenig Wasser an, da sie den Saft der Dosentomaten berücksichtigen müssen. Zum Schluss alle angegebenen Gewürze, Petersilie und den Zucker nicht vergessen. Den Eintopf nur solange auf kleiner Hitze köcheln, bis die Bohnen bissfest sind. Mit einem großen Löffel vorsichtig die Zutaten etwas vermengen. Dazu schmeckt eine kalte Apfelschorle.

Wirsingrouladen mit Salzkartoffeln für 3-4 Personen

Zutaten:
Ein Wirsing vom Wochenmarkt.
Die Blätter müssen schön groß sein.
500g Hackfleisch gemischt
1 dicke Zwiebel
1 Ei
1 Brötchen
Frische Petersilie
Pfeffer, Salz, Muskat
Kartoffeln (Halb festkochend)
Rapsöl
Soßenbinder
Gemüsebrühe
Bratensaft

Zubereitung:
Die großen Blätter vom Wirsing lösen. Ein oder zwei kleinere Blätter zur Seite legen. Den restlichen Wirsing in Frischhaltefolie im Kühlschrank aufbewahren. Nun die großen Blätter in Salzwasser legen. Sobald das Wasser anfängt zu sieden, den Kohl sofort herausnehmen und die Blätter abkühlen lassen.
Von der Kochflüssigkeit etwas zur Seite stellen für die

Rouladen. Die Zubereitung der Füllung. Das Gehacktes wie einen Frikadellen Teig zubereiten. Ei, gewürfelte Zwiebeln, ein in Milch eingeweichtes und ausgedrücktes Brötchen, Pfeffer, Salz, etwas Muskat und die kleingeschnittene Petersilie unter das Hackfleisch mischen. Zum Schluss noch die kleinen Kohlblättchen fein hacken und in die Hackmasse kneten.

Legen sie sich nun auf eine geräumige Arbeitsfläche die Wirsingblätter so aus, dass sie einen Kohlwickel herstellen können. Für eine Roulade nehme ich immer zwei Blätter. Etwas von der Hackmasse in die Mitte der Blätter geben und vorsichtig eine Roulade wickeln. Dabei ist etwas Fingerspitzengefühl gefragt. Sollte die Roulade mit einem Hölzchen nicht halten, nehmen sie weißes Nähgarn und umwickeln sie den Wirsing damit so, dass das Hackfleisch nicht herausrutschen kann. Aus einem großen Wirsing müsste man 3-4 Rouladen wickeln können. Das Öl in einer Bräter heiß werden lassen und die Wirsingrollen darin rundherum braun anbraten. Mit Gemüsebrühe angießen und auf kleiner

Hitze 15 Minuten köcheln lassen. Geben sie 2 Bratensaftwürfel in die Flüssigkeit. Die Wirsingrouladen herausnehmen und auf eine Platte legen. Abkühlen lassen und vorsichtig den Faden abwickeln. Mit dunklem Soßenbinder andicken und die Rouladen zurück in die Soße legen und ziehen lassen. Zum Schluss die Kartoffeln kochen und anrichten.
Dazu ein herzhaftes Bierchen.
Guten Appetit!

... und damals in Lünen!

... und damals in Lünen!

... und damals in Lünen!

Graupensuppe wie Oma sie machte

Zutaten:

Auf dem Wochenmarkt oder bei ihrem Metzger um die Ecke, ein schönes Stück hohe Rippe und einige Sandknochen kaufen. Ich rechne immer für 3- 4 Personen, denn den Rest friere ich ein und bei der nächsten Gelegenheit taue ich sie wieder auf. Die Suppe verliert nichts von ihrem Aroma und ihrer Frische.
Eine große Stange Suppengrün.
1/2 Sellerieknolle
1 dicke Möhre
1 Bund Petersilie

Dazu brauchen sie noch:

1 Päckchen Perlgraupen
    etwa von Müllers Mühle
3 Kartoffeln

Die Zubereitung ist wie bei der Rindfleischsuppe gleich. Außer, dass statt Nudeln noch klein gewürfelte Kartoffel und die gekochten Graupen unter die Suppe gehoben werden. Dann alles nochmal gar ziehen lassen, bis die Kartoffel und das zum Schluss dazugegebene Gemüse weich sind.   Guten Appetit

Rindfleischsuppe mit Nudeln

Zutaten:

Auf dem Wochenmarkt oder bei ihrem Metzger um die Ecke
ein schönes Stück hohe Rippe und einige Sandknochen kaufen.
Ich rechne immer für 3- 4 Personen, denn den Rest friere ich
ein und bei der nächsten Gelegenheit taue ich sie wieder auf.
Die Suppe verliert nichts von ihrem Aroma und ihrer Frische.
Eine große Stange Suppengrün.

1/2 Sellerieknolle
1 dicke Möhre
1 Bund Petersilie
Kleine Suppennudeln

Etwas von dem gesamten Suppengrün und der Petersilie zurückbehalten.
Das Suppengrün und die Petersilie waschen und grob zerteilen. Einen
großen Suppentopf nehmen. Darin das Suppenfleisch mit den Knochen
und dem Suppengemüse geben. Mit kaltem Wasser, etwas Fleischbrühe
und einigen Pfefferkörnern gut bedecken. Solange das Fleisch kochen
lassen, bis es weich ist. Dies kann bis zu 2. Stunden dauern, also nichts
für Berufstätige. Die Rindfleischsuppe ist gehaltvoll, wenn sich an der
Oberfläche Fettaugen gebildet haben.
Nun das weiche Fleisch und die Knochen herausnehmen. Die Suppe durch
ein großes Sieb in einen anderen Topf umgießen. Das zuvor abgeteilte
Suppengrün mit der Petersilie in kleine Ringe schneiden und auf kleiner
Stufe, in der klaren Rinderbrühe mit den Suppennudeln und dem
gewürfelten Rindfleisch ziehen lassen, bis die Nudel gar sind. Ich serviere
sie sofort mit frischem, selbstgebackenem Bauernbrot.

Apfelpuffer für 3-4 Personen

Zutaten:

4-5 Äpfel (kommt auf die Größe an, ob entsprechend mehr oder weniger verwendet werden.
500 g Mehl
1 Päckchen Backpulver
Milch
Mineralwasser
Salz
Zucker
2 Tütchen Vanillezucker
4 Eiweiß
3 ganze Eier

Zubereitung:
Eine große, hohe Schüssel nehmen. Nun das Mehl, die ganzen Eier, Backpulver, Zucker, Salz, Vanillezucker dazugeben. Die in kleine Stücke geschnittenen Äpfel ebenfalls. Den Teig jetzt mit Milch und Mineralwasser zu einem fließfähigen Teig verrühren und zum Schluss noch das steif geschlagene Eiweiß vorsichtig unterheben.
In einer gut beschichteten Pfanne Sonnenblumenöl erhitzen. Nicht zu heiß werden lassen, sonst verbrennt der Teig schnell.
3 oder 4 Häufchen, je nachdem wie groß die Pfanne ist, in das Öl geben. Von beiden Seiten braun braten. Zwischendurch mit einem Holzstäbchen überall einstechen, damit genügend Hitze ins Innere des Teiges gelangen kann. Es kommt manchmal vor, dass die Küchlein rund herum braun sin und der Teig ist noch etwas flüssig. Backen sie alles nacheinander ab. Jetzt können sie servieren. Auch kalt gegessen sind die Apfelplätzchen ein Genuss.

Eiersalat für 3-4 Personen.

Zutaten:

10 frische Eier.
1 Glas Spargel.
1 kleine Dose Champions.
1 kleine Dose Erbsen.
Gewürzgurken (Menge nach Geschmack).
1 kleine Zwiebel.
3 mittelgroße Tomaten.
1 Bund frischer Schnittlauch.
Majonäse, Sahne.
Etwas Gurkenbrühe.
1 Schuss Tomatenketschup.
Pfeffer, Salz, Paprikagewürz.

Die Eier hart kochen und in Würfel schneiden. Eine große Schüssel nehmen und alle anderen Zutaten und Gewürze in Würfel schneiden, dann zu den gekochten Eiern geben. Mit der Gurkenbrühe zum Schluss abschmecken. 1-2 Stunden im Kühlschrank ziehen lassen.

Ich serviere Eiersalat gerne mit frisch gebratenen Frikadellen.

Guten Appetit!

Kartoffelsalat nach Mutters Art für 3-4 Personen.

Zutaten:

2 kg festkochende, kleine Kartoffeln.
1 Glas Dillgurken.
1 Zwiebel.
2 Esslöffel mittel- scharfer Senf.
Etwas frischer Dill.
Gurkenbrühe.
4 Eigelb.
Öl, Essig.
Pfeffer, Salz.
3 Esslöffel fertige Majonäse.

Zubereitung:

Kartoffeln kochen bis sie gar sind und noch warm pellen. Eine große Schüssel nehmen. Die Kartoffeln in ganz dünnen Scheiben schneiden und hineingeben. Mit der Gurkenbrühe übergießen. Dann den Dill klein schneiden und darüber geben. Zwiebeln und Gurken ebenfalls in kleine Würfel schneiden und dazu geben. Alle Gewürze und eine selbst geschlagene Majonäse von den 4 Eigelben und dem Öl dazugeben. Zum Schluss auch noch die 3 Esslöffel fertige Majonäse zugeben. Jetzt alles vorsichtig vermengen und im Kühlschrank mindestens 3 Stunden gut durchziehen lassen. Sollte der Salat noch zu fest sein, nochmal mit etwas Gurkenbrühe verfeinern.

Ich serviere Kartoffelsalat gerne mit einem saftigen Stielkotelett. Guten Appetit!

Nudelsalat wie meine Oma ihn immer machte, für 3-4 Personen.

Zutaten:

250 gr. kleine Nudeln.
1 Bund Petersilie.
1 kleine Dose Erbsen.
1 kleine Dose Mais.
2 dicke Gewürzgurken.
1 kleine Zwiebel.
3 hart gekochte Eier.
1 kleine, rote Paprika.
Pfeffer, Salz, Currygewürz.
1 Esslöffel Tomatenmark oder 3 Esslöffel Ketchup.
1 Schuss Sojasoße.
1 Schuss Sahne.
Majonäse (Menge nach Geschmack).

Zubereitung:

Die Nudeln bissfest kochen, nicht abspülen. Alle angegebenen Zutaten fein würfeln und mit den Gewürzen, der Majonäse, dem Tomatenmark und der Sahne gut vermengen. Im Kühlschrank den Salat eine gute Stunde ziehen lassen.

Stadtkirche St.Georg

Zur Mitte kommen

Lünen

Rundumblick
von der ehemaligen
Sparkasse aus

Lünen

Lünen

Lünen

Lünen